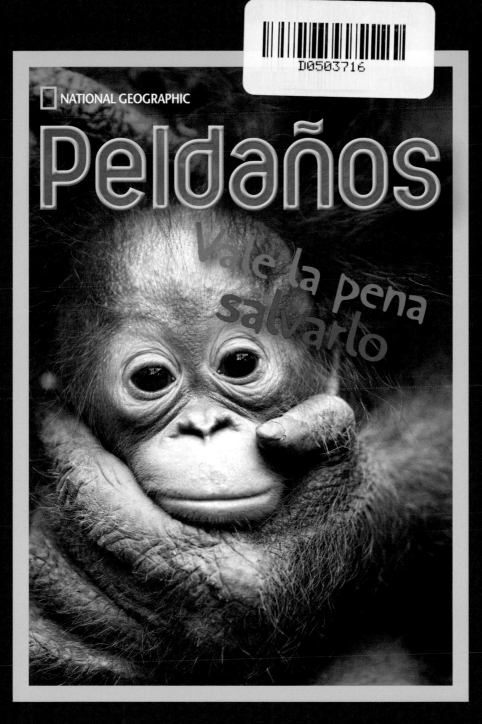

NATIONAL GEOGRAPHIC

Peldaños

Vale la pena salvarlo

TODO SER VIVO

por Shirleyann Costigan

Los seres vivos son increíbles. ¡Están llenos de sorpresas! Observa cómo la araña ladradora teje una gran telaraña. ¡Su seda es más resistente que el material de los chalecos antibala! Observa la vinca rosada. Esta flor se usa para hacer medicamentos que curan enfermedades. Fíjate en el Limnoria. Este gusanito produce una enzima que puede ayudar a desarrollar un combustible no contaminante.

Araña ladradora

Vinca rosada

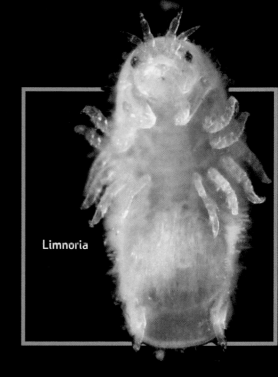

Limnoria

La araña ladradora, la vinca rosada y el Limnoria pueden beneficiar a los seres humanos. Por suerte, estas **especies** no están amenazadas con la **extinción.** La extinción es la pérdida total de la especie, que se produce cuando el último miembro de una especie muere. La extinción no es nada nuevo. El 99 por ciento de las especies que han vivido en la Tierra se han extinguido. En la actualidad, muchas especies están **en peligro de extinción,** o en riesgo de desaparecer.

No está bien que se extingan especies. Si una especie se extingue, nunca sabremos los beneficios que puede tener. ¿Y qué sucede si una especie en

¿Qué tan en peligro de extinción está?

EXTINTO
el último miembro de
la especie ha muerto

EXTINTO EN LA NATURALEZA
sobrevive solo en cautiverio

EN GRAVE PELIGRO DE EXTINCIÓN
en riesgo extremadamente alto de
desaparecer

EN PELIGRO DE EXTINCIÓN
en riesgo muy alto de desaparecer

VULNERABLE
en riesgo alto de desaparecer

CASI AMENAZADO
en vías de alto riesgo de desaparecer

PREOCUPACIÓN MENOR
sin amenaza inmediata a su
supervivencia

Los términos de la izquierda son de la "Lista roja de especies amenazadas" de la Unión Internacional para la **Conservación** de la Naturaleza. La lista ayuda a los conservacionistas a planificar maneras de salvar a las especies que están en riesgo.

Entonces, ¿por qué hay tantas especies en riesgo? La mayor amenaza para las especies es la pérdida de su **hábitat.** La mayor parte de la pérdida de hábitats se debe a los seres humanos. Cuando talamos para construir edificios o granjas, podemos destruir los hábitats que necesitan las especies. La contaminación y el cambio climático también producen la pérdida de los hábitats. Las siguientes páginas muestran las amenazas que ponen en peligro a muchas especies.

Lémur aye-aye

El aye-aye es un primate. *Primate* es el nombre de un grupo que también incluye a los simios. Las ciudades en crecimiento de la isla de Madagascar amenazan el hábitat del aye-aye. Algunas personas también amenazan al aye-aye. Matan al aye-aye porque creen que trae mala suerte.

Tapir asiático

El tapir asiático parece un cerdo con trompa. Usa el hocico para agarrar hojas en los bosques tropicales del Sudeste Asiático. La pérdida del hábitat es la principal amenaza para los tapires asiáticos. Aproximadamente la mitad de ellos ha muerto desde 1970.

EN PELIGRO DE EXTINCIÓN

Partes del Sudeste Asiático

CASI AMENAZADO

Partes de Madagascar

Astrofito

Este cactus es bello, y esa es una razón por la que está en riesgo. Los recolectores lo sacan de la naturaleza y lo venden como planta doméstica. Los conservacionistas y otras personas esperan proteger al cactus cultivándolo para la venta, así nadie lo saca de la naturaleza.

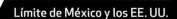

VULNERABLE

Límite de México y los EE. UU.

Sapo de Wyoming

Se creía que este anfibio estaba extinto, luego se descubrió un grupo. Se los usó para comenzar un programa de reproducción y así aumentar la población de sapos. Los sapos del programa se liberan en la naturaleza, pero enfrentan desafíos, incluida una enfermedad que mata a los anfibios.

EXTINTO EN LA NATURALEZA

Wyoming, EE. UU.

Jarra verde

Las hojas de esta planta tienen forma de tubos. Los insectos caen dentro de los tubos. Luego la planta digiere los insectos. Como la planta obtiene nutrientes de los insectos, puede sobrevivir en suelos que tienen pocos nutrientes. Pero, ¿puede sobrevivir amenazas a su territorio cuando se usa para la agricultura, la construcción y la recreación?

EN GRAVE PELIGRO DE EXTINCIÓN

Sudeste de los EE. UU.

Colibrí cienagueo

Esta joya de los bosques tropicales de Colombia está amenazada por los pesticidas tóxicos y por la pérdida de hábitats debido a la construcción y la tala de árboles. Los depredadores, como los halcones y otras aves más grandes, también amenazan al colibrí.

EN GRAVE PELIGRO DE EXTINCIÓN

La costa de Colombia

EN GRAVE PELIGRO DE EXTINCIÓN

Partes de Madagascar

Conejo pigmeo de Columbia

Esta especie era el conejo más pequeño que se conocía en Norteamérica. Era tan diminuto que cabía en la mano. Una represa sobre el río Columbia alteró su hábitat. El conejo no pudo adaptarse al cambio. El último de la especie, llamado Bryn, murió en 2010.

EXTINTO

Washington, EE. UU.

Saola

Algunos llaman a este bello buey, unicornio asiático. Esta especie ya estaba en peligro de extinción cuando los científicos no asiáticos lo descubrieron en 1992. Los cazadores lo cazaban por su carne. Los vietnamitas han hecho planes para proteger el saola, pero los cazadores siguen siendo una amenaza. En la actualidad existen menos de 300 saolas.

EN GRAVE PELIGRO DE EXTINCIÓN

Partes de Vietnam y Laos

Carpa de arroyo de Oregón

El pez carpa de arroyo de Oregón estaba al borde de la extinción hasta que el Servicio de Peces y Vida Silvestre de Oregón lo rescató. El servicio reubicó a estos peces en hábitats más seguros. ¡En la actualidad estos pececitos prosperan!

VULNERABLE

Oregón, EE. UU.

Pez gato del Mekong

Este pez de agua dulce de diez pies de largo y un peso de 400 libras nada en el delta del río Mekong en Laos y Camboya y es un alimento predilecto en esta parte del mundo. El exceso de pesca es una de las razones por las que está en grave peligro de extinción, pero la pérdida de su hábitat que produjo la construcción de represas es otra razón.

EN GRAVE PELIGRO DE EXTINCIÓN

Vietnam y Laos

Joel Sartore

En la actualidad, muchas agencias como el Servicio de Peces y Vida Silvestre de Oregón trabajan para salvar a las especies en peligro de extinción de la Tierra. También hay personas que ayudan, entre ellas el fotógrafo Joel Sartore.

Joel Sartore fotografía animales en peligro de extinción para la National Geographic Society. Durante 20 años ha viajado alrededor del mundo para registrar la difícil situación de muchas especies. Sus libros y artículos nos recuerdan que ninguna criatura es demasiado pequeña, demasiado fea o demasiado extraña para dejar de importarnos.

Cría de caimán

Compruébalo   ¿Qué crees que hace que valga la pena salvar a una especie?

Salvar el estanque Puldunny

por Evelyn Stone   ilustraciones de Nicholas Jackson

Si pudiera hablar en el idioma de los peces, agarraría una carpa de arroyo de Oregón y le diría: "Gracias por convertirme en héroe". Así es, a eso me dedico.

Mi nombre es Kenny y vivo en Puldunny, un pequeño pueblo en Oregón. No vas a encontrar Puldunny en el mapa, pero tiene una escuela, un ayuntamiento, una calle principal y un estanque.

Todos los años, el Centro Juvenil auspicia un proyecto comunitario para niños que buscan algo que hacer durante las vacaciones de verano. La temática de este año fue "**Preservemos Puldunny**", y once niños se ofrecieron como voluntarios.

El día anterior al comienzo del proyecto, fui al estanque con mi amiga Felicia. La llamo Flea, pero a ella no le importa. A veces soy lento, pero a Flea tampoco le importa porque dice que tengo buenas ideas. Flea y yo fuimos al estanque a recolectar insectos, pero cientos de mosquitos pululaban a nuestro alrededor. Nos atacaron, así que recolectamos unos cuantos insectos y nos fuimos de allí.

Al día siguiente estábamos cubiertos de ronchas. —Picaduras de mosquito —explicó Flea al equipo del proyecto—, del estanque.

—Los mosquitos pueden transmitir enfermedades —dijo Jamie Ealing—. Nunca me acercaría a ese viejo estanque sucio.

—Quizá el año que viene no puedas hacerlo —dijo Amy Franc—. Mi papá dice que el concejo municipal está hablando de vaciar el estanque. Van a hacer una votación por ello.

—¡Sí! —gritó Budgie Ricks—. ¡Quizá pongan un parque de patinaje!

—Bueno, niños —interrumpió la maestra García—, planifiquemos nuestro proyecto. Recuerden, debe preservar alguna parte de la comunidad y no puede costar dinero. ¿Alguna idea?

Jamie levantó la mano y dijo: —¿Qué tal el estanque Puldunny? Si nos deshacemos de los mosquitos, quizá podamos salvarlo.

—¡Ni hablar! —dijo Budgie.

—Cállate, Budgie —dijo Flea—. Es una buena idea.

—Claro que sí —coincidió la maestra García—. El estanque Puldunny es un **hábitat** valioso para la vida silvestre, pero Budgie tiene razón. Sería imposible eliminar a los mosquitos.

Entonces tuve una idea: —¿Y qué hay de la carpa de arroyo de Oregón?

Todas las miradas se posaron en mí.

—Sí, Kenny, continúa —dijo la maestra
García.

—Leí que una **especie** de pez llamada carpa de arroyo
de Oregón estaba **en peligro de extinción.** Luego el
Servicio de Peces y Vida Silvestre lo trasladó a nuevos
hábitats. —Todos oían, así que continué—.

Quizá podamos conseguir algunas carpas de arroyo
para el estanque Puldunny. Las carpas de arroyo se
comerán las larvas de los mosquitos y estos peces no nos
costarán dinero. Trasladarlos es gratuito.

—Es una excelente idea, Ken —dijo Flea—. Porque...

—Porque Kenny es tu novio —cantó Budgie.

—Porque —continuó Flea, ignorando a Budgie—, quizá podamos salvar el estanque y ayudar a mantener al pececito fuera de la lista de especies en peligro de extinción.

—Sin lugar a dudas vale la pena intentarlo —comentó la maestra García—. Kenny, contacta al Servicio de Peces y Vida Silvestre y averigua los **requisitos** del hábitat de la carpa de arroyo de Oregón.

Así que eso es lo que hice, y descubrí que la carpa de arroyo de Oregón necesita un hábitat específico. El agua tiene que estar al menos a 61 grados Fahrenheit en el verano y tener menos de seis pies de profundidad. No puede contener sustancias químicas o peces no nativos, porque pueden comerse a las carpas de arroyo de Oregón. Debe tener lugares donde los pececitos puedan encontrar refugio y... la lista seguía interminablemente.

No podemos hacerlo —le dije al equipo—. Hay demasiados requisitos, así que el estanque Puldunny no es el hábitat correcto. —Soné muy científico.

—Eso no lo sabemos —dijo Flea—. Analicemos el estanque con más detenimiento y averigüémoslo.

—No funcionará —dijo Budgie.

—Quizá no funcione —replicó la maestra García—. Pero al menos debemos intentarlo.

Así que al día siguiente, protegidos con ropa especial y repelente de insectos, marchamos hacia el estanque. El papá de Amy Franc nos dejó usar su bote a remos y también vino.

El equipo midió la profundidad y la temperatura del estanque, reunió muestras e hizo un registro de las plantas, los peces y los insectos que viven en el estanque y a su alrededor. Luego, de vuelta en el Centro Juvenil, escribimos un informe que incluía listas, gráficas y los nombres de las especies que encontramos. ¡Nos tomó días! Budgie se escabulló unas cuantas veces, pero la maestra García dijo que sería una especie en peligro de extinción si lo hacía de nuevo. Finalmente, le enviamos nuestro informe al Servicio de Peces y Vida Silvestre.

Una semana después, dos agentes del Servicio de Peces y Vida Silvestre reunieron más muestras del estanque y luego vinieron a hacernos preguntas. ¿Qué pensaban? Incluso Budgie esperaba que no falláramos.

Después de unas semanas, la maestra García recibió un correo electrónico que decía que el Servicio de Peces y Vida Silvestre de Oregón iba a trasladar quinientas carpas de arroyo de Oregón al estanque Puldunny. ¡Lo habíamos logrado!

El papá de Amy Franc nos dio más buenas noticias. —El concejo municipal decidió esperar hasta el próximo verano para hacer una votación por el vaciado del estanque —anunció. Me vio rascarme una picadura que me hicieron los mosquitos cuando estábamos en su bote a remos. Bromeó: —Kenny, te enviaremos al estanque. Si regresas sin picaduras de mosquito, ¡entonces sabremos que tu plan tuvo éxito!

Todos observamos cómo los agentes liberaban los pececitos en el estanque. Flea dijo que yo era un héroe porque la idea de los pececitos había sido mía. Sabía que los pececitos salvarían el estanque. Incluso me puso un nuevo nombre. Me llama Pececito.

Si tan solo supiera hablar el idioma de los peces...

Compruébalo   ¿Cómo resolvieron Kenny y los otros niños su problema?

ESTRELLAS
salvajes y libres

por Grace O'Brien
ilustraciones de Matt Luxich

En un lugar tranquilo en la naturaleza, se reunió un grupo de animales. La mayoría nunca se había aventurado más allá de su propio **hábitat,** pero una misión urgente los reunió.

—Estamos aquí porque nuestras **especies** están en riesgo —dijo CC, el cálao de casco—. Los seres humanos nos han rotulado como **"en peligro de extinción"** o "amenazados", aunque no nos ayudan. En lugar de eso, ayudan a los animales que son **famosos,** como los peludos pandas, los bellos pingüinos y los majestuosos halcones. ¡Vamos a cambiar eso!

Los animales que vitoreaban no parecían famosos. No eran peludos, bellos o majestuosos. De hecho, eran un montón de bichos raros. Unos tenían espinas en lugar de pelaje, otros tenían rasgos poco comunes, y otros parecían demasiado pequeños para importarle a alguien.

CC continuó: —Quizá no seamos famosos, pero somos ESTRELLAS (Especies Tremendas Llenas de Amenazas a su Supervivencia). —Entonces retó a la multitud—: ¿Qué somos?

—¡ESTRELLAS! —gritaron.

ESPECIES

—Es hora de escuchar a unas ESTRELLAS —dijo CC, y presentó a los oradores. Un ornitorrinco con pico de pato, un lémur aye-aye y un tapir hablaron sobre las amenazas a sus especies. Mientras hablaban, un mapa mostraba las ubicaciones de sus hábitats en una pantalla de vídeo.

—Y ahora, el último orador —dijo CC, y un pez gato gigante del Mekong apareció en la pantalla. El pez gato gigante tenía casi cien años, pero un cardumen le había enseñado a hablar a través de vídeo.

¡Glup! ¡Glup! En una voz profunda comenzó a decir lentamente: —¡No se den por vencidos! Los seres humanos pueden ayudar. Cuéntenles sus historias —burbujeó desde un río distante—. Y luego —agregó—, cuenten esas historias por todo el mundo.

ESTRELLAS

ESPECIES TREMENDAS LLENAS DE AMENAZAS A SU SUPERV

La pantalla se puso negra, pero las palabras del antiguo gigante inspiraron a los animales. Tenían que pensar en un plan que los ayudara a todos a evitar la extinción... ¡rápido!

—Tiene razón —murmuró Edna, la equidna—, debemos contar nuestras historias a los seres humanos. Podríamos usar una cámara, como hizo el Sr. Mekong, para hablar de nuestra maravillosa vida. —Dándose cuenta de que su plan podía funcionar, Edna habló más fuerte.

MUCHOS SERES HUMANOS NO SABEN QUÉ SUCEDE CUANDO LOS HÁBITATS SE REDUCEN O DESAPARECEN.

¡CLARO! ¿CADA CUÁNTO SE AVENTURAN EN LA NATURALEZA?

HAGAMOS UN **DOCUMENTAL** PARA MOSTRARLES A LOS SERES HUMANOS CÓMO NUESTRAS VIDAS ESTÁN AMENAZADAS.

¡A TODOS LOS SERES HUMANOS LES GUSTA VER PELÍCULAS!

NO SE OLVIDEN DE QUE YA SOMOS ESTRELLAS.

¡SEREMOS ESTRELLAS!

¡OH, SÍ!

Y así lo decidieron. Las ESTRELLAS formaron un equipo de filmación y partieron a hacer un documental sobre cómo sus hábitats y sus vidas estaban amenazadas. Filmaron en bosques y campos, desiertos y selvas, montañas y valles.

Un año después, el documental estaba listo, y por entonces, más ESTRELLAS estaban en riesgo y los hábitats se reducían.

—¿Cómo podemos hacer que más seres humanos vean nuestro documental? —se preguntaba CC mientras caminaba de aquí para allá en la naturaleza. De repente, un par de binoculares cayó de una rama.

—¿Qué es esto? —Miró hacia arriba y vio a un ser humano subido al árbol. El ser humano había descubierto la ubicación de los animales y esperaba ver a las especies en riesgo.

—¡Oh, no! —exclamó, y bajó rápidamente.

CC jadeó, pero luego recordó lo que dijo el pez gato gigante: "*Los seres humanos pueden ayudar. Cuéntenles sus historias*". Así que respiró profundamente y le contó al ser humano su historia, describiendo cómo había cambiado su hábitat desde que era un pichón, y también le contó sobre la misión de las ESTRELLAS.

—Soy científica —explicó la mujer—, y ayudo a las especies en peligro de extinción. Me gustaría ayudarlos.

Los animales estaban emocionados, y pronto conversaban con la científica como si fueran viejos amigos. Planearon mostrar el documental a los seres humanos en una ciudad lejana.

Unas semanas después, los cineastas llegaron a la ciudad. El extraño hábitat los hizo sentir nerviosos, pero confiaron en la científica y la siguieron al edificio que tenía un cartel que decía "National Geographic Society".

CC se sintió mejor cuando conoció a los amigos de la científica, que sentían curiosidad por las especies en riesgo y ansiedad por ver su documental. El ser humano que estaba a cargo los llevó a un salón con sillones de felpa, una pantalla grande y carteles de documentales con pingüinos, leones y otros animales que eran famosos esparcidos por las paredes.

—Estos seres humanos han hecho muchas películas —pensó CC—, ¡pero no veo ninguna con ESTRELLAS! Si pudieran mostrar nuestro documental en los cines, nuestras especies quizá tendrían una oportunidad.

Edna preparó la película y las luces se apagaron. Después de la película, las luces se volvieron a encender y el ser humano que estaba a cargo se dirigió a CC y le dijo: —Esta película tiene acción, emoción y animales exóticos. ¡Me encanta! ¿Cómo la llamaremos?

—¿Qué tal *ESTRELLAS salvajes y libres*? —respondió CC.

—¡Me parece perfecto! —exclamó el ser humano.

No pasó mucho tiempo, y los carteles de la película se exhibían en cines de todo el país. Seres humanos y animales de todo tipo vieron la película, y pronto los seres humanos hallaban maneras de proteger a estos sorprendentes animales.

NATIONAL GEOGRAPHIC
ESTRELLAS
SALVAJES Y LIBRES

SE EXHIBE AHORA · MATINÉS

BOLETOS

NATIONAL GEOGRAPHIC

NATIONAL GEOGRAPHIC

...TO · MUY PRONTO

Compruébalo ¿Cómo resolvieron su problema las ESTRELLAS?

Comenta Causa y efecto y punto de vista

1. Según "Todo ser vivo", ¿cuál es la causa principal de la pérdida de un hábitat?

2. Elige una especie en "Todo ser vivo". ¿Cuál es el efecto de la pérdida de su hábitat en esta especie?

3. Identifica el punto de vista desde el que se cuentan "Salvar el estanque Puldunny" y "ESTRELLAS salvajes y libres". ¿Quién es la primera persona? ¿Quién es la tercera persona? Compara y contrasta el punto de vista.

4. Si tuvieras que elegir una especie para proteger, ¿qué especie sería? ¿Por qué?